PETITS PRATIQUES CUISINE

Petits roulés salés

Thomas Clouet

Photographies : Éric FÉNOT
Stylisme : Delphine BRUNET
Photographies de l'introduction : Philippe VAURÈS SANTAMARIA

Avec la collaboration de HARRY'S

HACHETTE
Pratique

Sommaire

Signification des symboles

★ très facile
★★ facile
★★★ difficile

€ bon marché
€€ raisonnable
€€€ cher

Réalisation des petits roulés

•• Enlever la croûte
Si votre pain de mie comporte de la croûte, la première étape consiste à la retirer à l'aide d'un couteau, d'où l'utilité de la gamme « 100 % Mie » pour les adeptes du moindre effort.

•• Aplatir la mie
Pour rendre la mie plus dense, utilisez un rouleau à pâtisserie ou, à défaut, une bouteille en verre lisse (pour ne pas risquer de marquer le pain). Placez le pain sur une surface plane et propre, et roulez.

•• Appliquer un élément collant
Un élément collant (beurre, mayonnaise, fromage frais, tarama, etc.) doit être appliqué entre chaque nouvelle couche pour une bonne adhérence des ingrédients entre eux, et donc une parfaite tenue du roulé. Il est important de tartiner cet élément avec parcimonie. D'une part, c'est plus diététique, d'autre part cela vous évitera de voir cet élément déborder de partout lors du roulage.

•• Préparer les ingrédients
Coupez les ingrédients (tranche de jambon, feuille de salade, etc.) de la largeur de la mie mais d'une longueur un peu inférieure à celle-ci. Cela évitera d'avoir à égaliser le sandwich une fois qu'il sera roulé. Réalisez ensuite un bâtonnet avec l'ingrédient qui sera placé au centre du roulé (poivron, concombre, mozzarella, cornichons...). Celui-ce apporte certes une touche esthétique mais, surtout, il facilite la phase de roulage qui se fait autour de cet élément central.

•• Rouler le pain de mie

Munissez-vous d'une natte en bambou (que vous pouvez trouver dans de nombreux commerces entre 2 et 5 euros suivant leur finition et leur taille). Choisissez une natte dont le tissage est serré et les ficelles nouées à une extrémité. Après utilisation, lavez-la à l'eau et essuyez-la bien avec un torchon sec pour éviter qu'elle ne moisisse. La natte assure une pression égale sur toute la largeur de la mie. Vous pouvez vous en passer et le faire manuellement, mais le résultat risque d'être nettement moins réussi et esthétique.

•• Découper les roulés

Utilisez un couteau sans dents et bien aiguisé en effectuant un mouvement d'avant en arrière, pour ne pas écraser le roulé et obtenir une coupe nette. Enlevez les 2 à 3 mm de bordure, puis coupez le roulé en trois ou quatre afin d'obtenir des bouchées. Vous verrez tout au long de ce livre d'autres exemples de découpes possibles. Si vous possédez un couteau électrique, utilisez-le : c'est l'arme absolue mais non obligatoire.

•• **Décorer**

Les décorations proposées dans ce livre sont facultatives. Elles reprennent généralement un ingrédient du petit roulé ; le fait de les supprimer ne change donc que très peu le goût de la bouchée. C'est un choix à faire entre un gain de temps et une perte esthétique.Adaptez vos roulés en fonction des circonstances et du temps dont vous disposez. Un plateau-repas à réaliser moins de dix minutes avant votre programme préféré ? « Zappez » la déco. Vous voulez bluffer votre future moitié ? Habillez vos petits roulés.

Le Clouet

Difficulté : ★ - Coût : €

- 1 tranche de pain nature ou complet 100 % Mie
- 1 cuil. à soupe de beurre
- 1 tranche de jambon fumé
- 3 cornichons

Décoration :
- Quelques pincées de piment d'Espelette
- Du beurre

1 Sortez le beurre un peu à l'avance afin qu'il ramollisse. Beurrez la mie d'une fine couche. Mettez la tranche de jambon fumé sur le sandwich et étalez par-dessus une nouvelle fine couche de beurre.

2 Sélectionnez des petits cornichons les plus droits possible. Coupez leurs extrémités, positionnez-les en haut de la mie et roulez. Coupez à la taille souhaitée.

3 Mettez le piment d'Espelette dans une assiette plate. Sur chaque bouchée, appliquez une petite bande de beurre sur laquelle vous ferez adhérer un peu de piment d'Espelette.

Variante

Vous pouvez, selon la saison, remplacer les cornichons par 1 bâtonnet de melon.

Le Patsy

Difficulté : ★ - Coût : €

- 1 tranche de pain nature ou complet 100 % Mie
- 1 toastinette à l'emmental
- 1 cuil. à café de moutarde de Dijon
- 1 saucisse Knacki

Décoration :

- Quelques brins de ciboulette

1 Tartinez la mie d'une fine couche de moutarde de Dijon. Mettez la toastinette sur le sandwich et étalez une nouvelle fine couche de moutarde.

2 Faites cuire la Knacki 4 min à l'eau frémissante. Laissez-la refroidir et sécher sur du papier absorbant. Réalisez 1 bâtonnet de Knacki de la largeur du pain, positionnez-le en haut de celui-ci et roulez. Coupez à la taille souhaitée.

3 Versez de l'eau bouillante sur les brins de ciboulette afin de les assouplir et nouez-les autour des bouchées.

Conseil

Des roulés diététiques ? Le pain de mie est bien sûr l'élément de base de ces sandwichs roulés. Si vous avez des considérations diététiques, optez pour du pain de mie complet et non du pain nature. De la même façon, sélectionnez des petits roulés à base de fromage frais, de viande blanche ou de bâtonnets de légumes.

Le Dadin

Difficulté : ★ - Coût : €

- 1 tranche de pain nature ou complet 100 % Mie
- 1 cuil. à soupe de mayonnaise
- 1 feuille de salade verte
- 1 tranche de jambon blanc
- 2 mini cœurs de palmier

Décoration :

- Quelques brins de ciboulette

1 Tartinez la mie d'une fine couche de mayonnaise. Placez sur le sandwich la feuille de salade et étalez une nouvelle couche de mayonnaise. Répétez l'opération avec la tranche de jambon. Égouttez les mini cœurs de palmier, alignez-les en haut de la mie et roulez. Coupez à la taille souhaitée.

2 Versez de l'eau bouillante sur les brins de ciboulette afin de les assouplir. Séchez-les puis nouez-les autour des petits roulés.

Variante

Vous pouvez remplacer les mini cœurs de palmier par 1 bâtonnet de concombre.
De même, vous pouvez remplacer la feuille de salade par 1 toastinette à l'emmental.

Le Ben

Difficulté : ★ - Coût : €€

- 1 tranche de pain nature ou complet 100 % Mie
- 1 pincée de poivre
- 2 cuil. à soupe de ricotta
- 1 tranche de saumon fumé
- 1 pomme

Décoration :

- Quelques feuilles de mâche
- Du beurre

1 Poivrez la ricotta et tartinez la mie d'une fine couche de ce mélange. Mettez sur le sandwich la tranche de saumon fumé et étalez une nouvelle couche de fromage aromatisé. Réalisez 1 bâtonnet de pomme de la largeur du pain, mettez-le en haut de celui-ci et roulez. Coupez à la taille souhaitée.

2 Sortez le beurre à l'avance afin qu'il ramollisse. Ciselez la mâche et mettez-la dans une assiette plate. Enduisez le pourtour des bouchées de beurre et roulez-les dans la mâche.

Où trouver la ricotta ?

Pour repérer facilement la ricotta ainsi que le mascarpone dans votre supermarché, cherchez la mozzarella au rayon frais. Lorsque vous l'aurez trouvée, élargissez un peu votre champ de vision : la ricotta ainsi que le mascarpone ne sont généralement pas loin.

Le Marine

Difficulté : ★ - Coût : €

- 1 tranche de pain nature ou complet 100 % Mie
- 1 cuil. à soupe de ketchup
- 1 cuil. à soupe de mayonnaise
- 1 feuille de salade verte
- 2 bâtonnets de surimi

Décoration :
- Des œufs de lump rouges

1 Incorporez le ketchup à la mayonnaise et tartinez la mie d'une fine couche de ce mélange. Placez sur le sandwich la feuille de salade verte et étalez par-dessus une nouvelle couche de sauce.

2 Alignez les bâtonnets de surimi en haut de la mie et roulez. Coupez à la taille souhaitée.

3 Ajoutez au sommet des bouchées 1 cuil. à café d'œufs de lump rouges.

Le Valoche

Difficulté : ★ - Coût : €

- 1 cuil. à soupe de crème de camembert
- 1 tranche de pain nature ou complet 100 % Mie
- 1 tomate

Décoration :
- Du beurre
- Quelques pincées de cumin

1 Tartinez la mie d'une fine couche de crème de camembert. Réalisez 1 bâtonnet de tomate de la largeur du pain, positionnez-le en haut de celui-ci et roulez. Coupez à la taille souhaitée.

2 Sortez le beurre un peu à l'avance afin qu'il ramollisse. Mettez le cumin dans une assiette. Faites une petite bande de beurre sur un côté des bouchées et roulez-les dans le cumin.

Le Bunny

Difficulté : ★★ - Coût : €

- 1 tranche de pain nature ou complet 100 % Mie
- 3 ou 4 feuilles d'estragon
- 1 cuil. à soupe de mayonnaise
- 1 feuille de salade verte
- 1 tranche de blanc de poulet
- 1 carotte

Décoration :

- Quelques pincées de ras-el-hanout
- Du Saint Môret

1 Ciselez l'estragon et incorporez-le à la mayonnaise (vous pouvez remplacer ce mélange par de la béarnaise). Tartinez la mie d'une fine couche de cette sauce. Ajoutez sur le sandwich la feuille de salade verte et étalez une nouvelle fine couche de mayonnaise aromatisée.

2 Répétez l'opération avec la tranche de blanc de poulet. Réalisez 1 bâtonnet de carotte de la largeur de la mie, positionnez-le en haut de celle-ci et roulez. Coupez à la taille souhaitée.

3 Mettez le ras-el-hanout dans une assiette plate. Appliquez une petite bande de Saint Môret sur le pourtour des bouchées sur laquelle vous ferez adhérer du ras-el-hanout.

Variante

Vous pouvez remplacer le ras-el-hanout par du cumin en poudre ou du curry doux.

Quelle salade utiliser ?

Choisissez de préférence une variété de salade à feuilles « plates » et/ou « souples » comme la laitue, la feuille de chêne ou la romaine. Évitez la batavia et la frisée. Lors du montage du roulé, commencez toujours par la salade, elle sera ainsi recouverte par un autre ingrédient encore plus plat comme une tranche de jambon, ce qui facilitera le roulage par la suite.

Le Broom

Difficulté : ★ - Coût : €

- 1 tranche de pain nature ou complet 100 % Mie
- Quelques brins de ciboulette
- 1 cuil. à soupe de mayonnaise
- 1 quartier de citron jaune
- 1 cuil. à soupe de thon au naturel en boîte
- 2 gouttes de Tabasco
- 1 poivron vert

Décoration :

- Quelques brins de ciboulette
- Du Saint Môret

1 Ciselez la ciboulette. Incorporez-la à la mayonnaise ainsi que le jus du citron, les miettes de thon et le Tabasco. Tartinez la mie d'une fine couche de cette pâte. Réalisez 1 bâtonnet de poivron vert de la largeur de la mie, positionnez-le en haut de celle-ci et roulez. Coupez à la taille souhaitée.

2 Ciselez la ciboulette et mettez-la dans une assiette plate. Étalez une fine couche de Saint Môret sur le pourtour des bouchées. Roulez-les ensuite dans la ciboulette ciselée.

Variantes

Vous pouvez remplacer le thon en boîte par des sardines en boîte, ou le poivron par 1 bâtonnet d'avocat.

De même, vous pouvez substituer du persil à la ciboulette.

Le Guigui

Difficulté : ★★ - Coût : €€

- 1 tranche de pain nature ou complet 100 % Mie
- 1 cuil. à café de miel
- 2 cuil. à soupe de ricotta
- 1 tranche de gigot d'agneau
- 1 petite plaque de pâte de coing

1 Incorporez le miel à la ricotta. Tartinez la mie d'une fine couche de ce mélange. Poêlez la tranche de gigot à sec dans une poêle antiadhésive, 3 min de chaque côté. Laissez refroidir et reposer la viande 5 min.

2 Tranchez de fines lamelles de viande et placez-les sur le sandwich. Étalez sur l'ensemble une nouvelle fine couche de fromage frais aromatisé. Réalisez 1 bâtonnet de pâte de coing de la largeur du pain. Positionnez-le en haut de celui-ci et roulez. Coupez à la taille souhaitée.

Le Papier

Difficulté : ★ - Coût : €

- 1 tranche de pain nature ou complet 100 % Mie
- 2 cuil. à soupe de ricotta
- 1 quartier de citron jaune
- 1 pincée de romarin sec
- 2 fines tranches de gros chorizo doux
- 1 fond d'artichaut précuit

Décoration :

- Du Saint Môret
- Quelques brins de romarin sec

1 Incorporez à la ricotta le jus du citron et le romarin. Tartinez la mie d'une fine couche de ce mélange. Mettez les tranches de chorizo sur le sandwich et étalez une nouvelle couche de fromage aromatisé.

2 Réalisez 1 bâtonnet de fond d'artichaut de la largeur du pain, positionnez-le en haut de celui-ci et roulez. Coupez à la taille souhaitée.

3 Mettez le romarin sec dans une assiette plate. Enduisez le pourtour des bouchées de Saint Môret et roulez-les dans le romarin.

Le Mayie

Difficulté : ★★ - Coût : €€

- 1 tranche de pain nature ou complet 100 % Mie
- 1 cuil. à café de tapenade
- 1 petit calmar

Décoration :

- Quelques brins de ciboulette

1 Tartinez la mie d'une fine couche de tapenade. Demandez à votre poissonnier de vous préparer le calmar. Nettoyez-le bien, coupez-le en deux afin d'avoir 2 escalopes.

2 Faites cuire le demi-calmar, soit à la poêle sur feu moyen 2 min sur chaque face, soit poché dans de l'eau bouillante pendant 10 min. Égouttez-le sur du papier absorbant, laissez-le refroidir puis découpez 1 bâtonnet de la largeur de la mie. Positionnez-le en haut du pain et roulez. Coupez à la taille souhaitée.

3 Versez de l'eau bouillante sur les brins de ciboulette afin de les assouplir et nouez-les autour des bouchées.

Variantes

Vous pouvez remplacer la tapenade par du caviar d'aubergine ou du Boursin. Dans ce cas, adaptez la décoration extérieure : du Saint Môret et du basilic ciselé pour le caviar d'aubergine ou du Saint Môret et du persil ciselé pour le Boursin.

Le Attaix

Difficulté : ★ - Coût : €

- 1 tranche de pain nature ou complet 100 % Mie
- 2 cuil. à soupe de ricotta
- 1 cuil. à café de lait de coco
- Des cacahuètes
- Des noix de cajou
- 1 poivron

Décoration :

- Quelques brins de coriandre
- Du Saint Môret

1 Incorporez à la ricotta le lait de coco, les cacahuètes et les noix de cajou que vous aurez préalablement réduites en miettes. Tartinez la mie d'une fine couche de ce mélange. Réalisez 1 bâtonnet de poivron vert de la largeur du pain, positionnez-le en haut de celui-ci et roulez. Coupez à la taille souhaitée.

2 Ciselez la coriandre et mettez-la dans une assiette plate. Enduisez le pourtour des bouchées de Saint Môret et roulez-les dans la coriandre.

Comment réaliser un bâtonnet de poivron ?

Coupez le poivron en deux dans le sens de la hauteur. Ôtez la queue. Prenez une moitié et coupez 2 cm à la base et en haut. Coupez une nouvelle fois en deux dans le sens de la hauteur. Enlevez à l'aide d'un couteau fin les petits renflements et les pépins sur la partie interne du poivron. Coupez des bandes pour réaliser les bâtonnets.

Le Russac

Difficulté : ★★ - Coût : €€

- 1 tranche de pain nature ou complet 100 % Mie
- 1 fine tranche de foie gras mi-cuit
- 1 asperge verte

Décoration :

- 1 œuf
- Du beurre

1 Sortez à l'avance le foie gras mi-cuit afin qu'il soit à température ambiante. Tartinez la mie d'une fine couche de foie gras. Coupez la base dure de l'asperge et pelez légèrement la tige à l'aide d'un couteau économe. Faites cuire l'asperge à plat dans l'eau frémissante pendant 5 à 7 min. Quand elle est bien cuite, l'asperge fléchit sans s'affaisser. Égouttez-la avant de la positionner en haut du pain et de rouler celui-ci. Coupez à la taille souhaitée.

2 Faites cuire l'œuf afin qu'il soit dur. Débutez la cuisson à l'eau froide, déposez l'œuf et versez suffisamment d'eau froide afin de le recouvrir complètement. Vinaigrez l'eau. Chauffez le tout jusqu'à ce que l'eau soit frémissante. À partir de ce moment, comptez de 7 à 10 min selon la taille de l'œuf. Enlevez la coquille, séparez le blanc du jaune et écrasez ce dernier à l'aide d'une fourchette.

3 Sortez le beurre un peu à l'avance pour qu'il ramollisse. Enduisez le pourtour des bouchées de beurre et roulez-les dans la poussière de jaune d'œuf.

Le Titou

Difficulté : ★★ - Coût : €€

- 1 tranche de pain nature ou complet 100 % Mie
- 1 cuil. à soupe de pesto
- 2 tranches de carpaccio de bœuf
- 1 boule de mozzarella

Décoration :

- Des pignons de pin
- Du pesto
- Un morceau de parmesan

1 Tartinez la mie d'une fine couche de pesto. Mettez sur le sandwich les tranches de carpaccio de bœuf et étalez par-dessus une nouvelle fine couche de pesto. Coupez dans la mozzarella 1 bâtonnet de la largeur du pain, positionnez-le en haut de celui-ci et roulez. Coupez à la taille souhaitée.

2 Dans une poêle sans matière grasse, faites revenir les pignons de pin afin qu'ils dorent. Une fois refroidis, réduisez-les en miettes et mettez-les dans une assiette plate. Enduisez le pourtour des bouchées de pesto et roulez-les dans les pignons de pin émiettés. À l'aide d'un couteau économe, faites des copeaux de parmesan que vous placerez sur le sommet des petits roulés.

Variantes

Vous pouvez remplacer la mozzarella par 1 bâtonnet de tomate ou 1 bâtonnet d'aubergine poêlé sur toutes ses faces quelques minutes à l'huile d'olive.

Le Sandouine

Difficulté : ★★ - Coût : €

- 1 tranche de pain nature ou complet 100 % Mie
- 1 cuil. à café de moutarde de Dijon
- 3 cuil. à café de moutarde à l'ancienne
- 1 tranche de blanc de dinde
- 2 pruneaux

Décoration :

- Des graines de moutarde
- Du Saint Môret

1 Mélangez les 2 moutardes. Tartinez la mie d'une fine couche de ce mélange, ajoutez sur le sandwich la tranche de blanc de dinde et étalez une nouvelle fine couche de moutarde. Taillez les pruneaux de façon à ce qu'ils forment 1 bâtonnet de la largeur du pain, alignez-les en haut de celui-ci et roulez. Coupez à la taille souhaitée.

2 Écrasez les graines de moutarde (vous en trouverez dans toutes les bonnes épiceries fines) et mettez-les dans une assiette plate. Enduisez le pourtour de chaque bouchée de Saint Môret et roulez-les dans les graines de moutarde.

Conseil

Il est conseillé de ne pas trop charger le roulé. Trois ingrédients au maximum semblent être le chiffre idéal. Vous risqueriez sinon d'avoir des difficultés à le rouler. Vous pouvez en revanche avoir des mélanges plus riches en ce qui concerne votre élément collant, comme vous pourrez le constater dans de nombreuses recettes.

Le Papa Noël

Difficulté : ★ - Coût : €€€

- 1 tranche de pain nature ou complet 100 % Mie
- 1 fine tranche de foie gras mi-cuit
- 1 tranche de blanc de dinde
- 2 marrons cuits

Décoration :

- 1 petite truffe noire

1 Sortez le foie gras mi-cuit un peu à l'avance afin qu'il soit à température ambiante. Tartinez la mie d'une fine couche de foie gras. Mettez sur le sandwich la tranche de blanc de dinde et étalez une nouvelle fine couche de foie gras.

2 Façonnez les marrons cuits afin de faire 1 bâtonnet de la largeur du pain. Alignez les morceaux en haut de celui-ci et roulez. Coupez à la taille souhaitée.

3 À l'aide d'un couteau économe, réalisez des copeaux de truffe noire et mettez-les au sommet des bouchées.

Comment utiliser pleinement la truffe ?

S'il vous reste de la truffe, utilisez-la à sa pleine mesure. Enfermez hermétiquement le reste de truffe dans un sac ou une boîte en plastique avec quelques œufs durant un minimum de douze heures. Leur coquille étant poreuse, ils s'imprégneront de l'odeur forte de la truffe. Vous aurez ainsi le lendemain une omelette, des œufs à la coque ou encore des œufs brouillés à la truffe. Faites l'expérience, le résultat est vraiment étonnant !

Le Maylis

Difficulté : ★ - Coût : €

- 1 tranche de pain nature ou complet 100 % Mie
- 1 cuil. à soupe de pesto
- 2 ou 3 feuilles de roquette selon leur taille
- 1 tranche de jambon fumé
- 1 courgette

Décoration :

- Des pignons de pin
- Du pesto

1 Tartinez la mie d'une fine couche de pesto. Placez la roquette sur le sandwich et étalez une nouvelle fine couche de pesto. Répétez l'opération avec la tranche de jambon fumé. Réalisez 1 bâtonnet de courgette de la largeur du pain, placez-le en haut de celui-ci et roulez. Coupez à la taille souhaitée.

2 Faites dorer les pignons de pin 1 à 2 min à la poêle, écrasez-les et mettez-les dans une assiette plate. Enduisez le pourtour des bouchées de pesto et roulez-les dans les pignons émiettés.

Le P'tit Dom

Difficulté : ★ - Coût : €

- 1 cuil. à café de tapenade
- 1 tranche de pain nature ou complet 100 % Mie
- 1 petit blanc de poulet
- 1 noisette de beurre
- 1 filet d'huile d'arachide ou de tournesol

Décoration :

- Quelques brins de romarin sec
- Du beurre

1 Tartinez la mie d'une fine couche de tapenade. Taillez 1 bâtonnet de poulet cru de la largeur de la mie. Faites-le dorer sur toutes ses faces dans une poêle avec le beurre et l'huile. Épongez-le sur du papier absorbant, positionnez-le en haut du pain et roulez. Découpez les bouchées à la taille souhaitée.

2 Sortez le beurre un peu à l'avance afin qu'il ramollisse. Mettez le romarin sec dans une assiette plate. Enduisez le pourtour des bouchées de beurre et roulez-les dans le romarin.

Le Sky

Difficulté : ★★ - Coût : €€€

- 1 tranche de pain nature ou complet 100 % Mie
- 1 fine tranche de foie gras mi-cuit
- 1 mangue

Décoration :
- Des pistaches
- Du beurre

1 Sortez le foie gras mi-cuit à l'avance afin qu'il soit à température ambiante. Tartinez la mie d'une fine couche de foie gras. Réalisez 1 bâtonnet de mangue de la largeur du pain, mettez-le en haut de celui-ci et roulez. Coupez à la taille souhaitée.

2 Écrasez les pistaches et mettez-les dans une assiette plate. Sortez le beurre un peu à l'avance afin qu'il ramollisse. Enduisez le pourtour des bouchées de beurre et roulez-les dans les miettes de pistaches.

Conseil

Lorsque vous réalisez des bâtonnets de fruits (pour rappel, l'avocat est également un fruit !), pensez à les arroser d'un peu de jus de citron jaune afin d'éviter qu'ils ne noircissent.

Le Saint-Jacques

Difficulté : ★★ - Coût : €€€

- 1 tranche de pain nature ou complet 100 % Mie
- 1 cuil. à soupe de beurre
- 1 quartier de citron jaune
- 1 noix de Saint-Jacques épaisse
- 1 courgette

Décoration :

- 1 petite truffe noire

1 Sortez le beurre à l'avance afin qu'il ramollisse ; incorporez le jus du citron et des zestes que vous aurez prélevés à l'aide d'une râpe fine. Beurrez la mie d'une fine couche de ce mélange.

2 Achetez une coquille Saint-Jacques et demandez à votre poissonnier de vous la préparer. Mettez la Saint-Jacques 10 min environ au congélateur afin qu'elles raffermissent, puis sortez-la et coupez-la en carpaccio.

3 Mettez les tranches sur le sandwich et étalez une nouvelle fine couche de beurre aromatisé. Réalisez 1 bâtonnet de courgette de la largeur du pain, mettez-le en haut de celui-ci et roulez. Coupez à la taille souhaitée.

4 À l'aide d'un couteau économe, réalisez des copeaux de truffe noire et déposez-les sur le sommet des bouchées.

Comment réaliser un bâtonnet de courgette ?

Choisissez les courgettes les plus droites possible. Découpez un tronçon de la largeur de la mie et coupez-le en deux dans le sens de la longueur. À l'aide d'un couteau, ôtez la partie centrale qui contient les graines en faisant une coupe en forme de V. Coupez de nouveau le demi-tronçon évidé dans le sens de la longueur pour réaliser les bâtonnets.

Le Kiara

Difficulté : ★★ - Coût : €€

- 1 tranche de pain nature ou complet 100 % Mie
- 1 branche de persil
- 3 cubes de feta
- 1 pincée d'origan
- 2 cuil. à soupe de ricotta
- 2 crevettes roses précuites

Décoration :

- Quelques brins de persil
- Du Saint Môret

1 Ciselez le persil. Incorporez à la ricotta la feta, en l'écrasant, l'origan et le persil. Tartinez la mie d'une fine couche de ce mélange.

2 Décortiquez les crevettes et faites une petite entaille au centre afin de pouvoir les déplier. Alignez-les en haut du pain et roulez. Coupez à la taille souhaitée.

3 Ciselez le persil et mettez-le dans une assiette plate. Enduisez le pourtour des bouchées de Saint Môret et roulez-les dans le persil.

Conseil

Si vous organisez un apéritif dînatoire composé de différents petits roulés, dont certains avec une décoration extérieure composée d'herbes ciselées, réalisez ceux-ci au dernier moment afin d'éviter que les herbes ne s'assèchent à l'air ambiant.

Le Flavie

Difficulté : ★ - Coût : €

- 1 tranche de pain nature ou complet 100 % Mie
- 1 pincée de thym sec
- 1 pincée de laurier sec
- 2 cuil. à soupe de ricotta
- 1 fond d'artichaut précuit

Décoration :

- Quelques pincées de thym sec
- Quelques pincées de laurier sec
- Du Saint Môret
- 1 petite truffe noire (facultatif)

1 Incorporez le thym et le laurier à la ricotta et tartinez la mie d'une fine couche de ce mélange. Réalisez 1 bâtonnet de fond d'artichaut de la largeur du pain, positionnez-le en haut de celui-ci et roulez.
Coupez à la taille souhaitée.

2 Mélangez le thym et le laurier et mettez l'ensemble dans une assiette plate. Enduisez le pourtour des bouchées de Saint Môret et roulez-les dans le mélange d'herbes séchées.

3 Vous pouvez ajouter au sommet des pièces 1 copeau de truffe noire réalisé au couteau économe.

Le Bordin

Difficulté : ★★ - Coût : €

- 1 tranche de pain nature ou complet 100 % Mie
- 1 petit boudin noir
- 1 cuil. à café de moutarde de Dijon
- 1 pomme type golden

Décoration :

- Quelques brins de ciboulette

1 Poêlez le boudin 10 min en l'ayant préalablement piqué à l'aide d'une fourchette. Laissez refroidir, enlevez le boyau et mélangez le contenu avec un peu de moutarde de Dijon. Tartinez la mie d'une fine couche de ce mélange.

2 Réalisez 1 bâtonnet de pomme de la largeur du pain, positionnez-le en haut de celui-ci et roulez. Coupez à la taille souhaitée.

3 Versez de l'eau bouillante sur les brins de ciboulette afin de les assouplir et nouez-les autour des bouchées.

Comment conserver les herbes aromatiques ?
Surtout ne les laissez pas dans leur emballage en papier. Lavez-les puis séchez-les soigneusement. Enfermez ensuite la botte de ciboulette dans du papier d'aluminium et les autres herbes dans des sacs en plastique ou des boîtes hermétiquement closes dans le bas de votre réfrigérateur.

Le Taboulé

Difficulté : ★ - Coût : €

- 1 tranche de pain nature ou complet 100 % Mie
- 2 branches de persil
- 2 feuilles de menthe
- 2 cuil. à soupe de ricotta
- 1 quartier de citron jaune
- 1 tomate

Décoration :

- Quelques brins de persil
- Des feuilles de menthe fraîche
- Du Saint Môret

1 Ciselez le persil et la menthe. Incorporez à la ricotta le jus du citron, le persil et la menthe ciselés (3/4 de persil pour 1/4 de menthe). Tartinez la mie d'une fine couche de ce mélange. Réalisez 1 bâtonnet de tomate de la largeur du pain, placez-le en haut de celui-ci et roulez. Coupez à la taille souhaitée.

2 Ciselez le persil et la menthe (2/3-1/3) et mélangez-les dans une assiette. Enduisez le pourtour des bouchées de Saint Môret et roulez-les dans les herbes.

Conseil

Au moment de rouler votre sandwich, appliquez une légère pression sur toute la longueur de la natte afin de bien serrer la base. Soyez encore plus précautionneux si votre élément central est mou (mozzarella, tomate...), car il risquerait de s'extraire du roulé ou de s'écraser. Poursuivez le roulage et finissez en appliquant une dernière pression sur la natte afin que le roulé soit parfaitement serré.

Le Moussaka

Difficulté : ★★ - Coût : €

- 1 tranche de pain nature ou complet 100 % Mie
- 2 cuil. à soupe de ricotta
- 1 cuil. à café de concentré de tomates
- 1 pincée de cannelle en poudre
- 1 petite pincée de noix de muscade
- 2 tranches de carpaccio de bœuf
- 1 aubergine
- 1 filet d'huile d'olive

Décoration :

- Du beurre
- Quelques pincées de chapelure

1 Incorporez à la ricotta le concentré de tomates, la cannelle en poudre et la noix de muscade. Tartinez la mie d'une fine couche de ce mélange. Mettez les tranches de carpaccio de bœuf sur le sandwich et étalez une nouvelle fine couche de ricotta aromatisée.

2 Coupez 1 tranche épaisse d'aubergine et réalisez 1 bâtonnet de la largeur du pain. Faites-le poêler sur toutes les faces avec l'huile d'olive. Égouttez-le sur du papier absorbant, positionnez-le en haut du pain et roulez. Coupez à la taille souhaitée.

3 Sortez le beurre un peu à l'avance afin qu'il ramollisse. Mettez la chapelure dans une assiette plate. Enduisez le pourtour des bouchées de beurre et roulez-les dans la chapelure.

Le Goulasch

Difficulté : ★ - Coût : €€

- 1 tranche de pain nature ou complet 100 % Mie
- 1 cuil. à soupe de beurre
- 1 pincée de marjolaine sèche
- 1 pincée de paprika
- 1 pincée de cumin en poudre
- 2 tranches de carpaccio de bœuf
- 1 tomate

Décoration :

- Du beurre
- Quelques pincées de paprika
- Quelques pincées de marjolaine
- Quelques pincées de cumin

1 Sortez le beurre un peu à l'avance afin qu'il ramollisse, et incorporez-y la marjolaine, le paprika et le cumin en poudre. Tartinez la mie d'une fine couche de ce mélange. Ajoutez sur le sandwich les tranches de carpaccio de bœuf et étalez par-dessus une nouvelle fine couche de beurre aromatisé.

2 Réalisez 1 bâtonnet de tomate de la largeur du pain, positionnez-le en haut de celui-ci et roulez. Coupez à la taille souhaitée.

3 Mélangez le paprika, la marjolaine, le cumin et mettez l'ensemble dans une assiette plate. Enduisez le pourtour des bouchées de beurre et roulez-les dans le mélange d'épices.

Conseil

Pour chaque recette, les ingrédients nécessaires sont indiqués pour une tranche de pain. Il vous suffit ensuite d'adapter les quantités en fonction du nombre de tranches utilisées.

Le Paëlla

Difficulté : ★ - Coût : €

- 1 tranche de pain nature ou complet 100 % Mie
- 4 cuil. à soupe de petits pois en boîte
- 1 cuil. à café de concentré de tomates
- 1 pincée de safran en poudre
- 1 tranche de blanc de poulet
- 1 petit calmar

1 Réduisez les petits pois en purée et incorporez-y le concentré de tomates et le safran en poudre. Tartinez la mie d'une fine couche de ce mélange. Ajoutez la tranche de blanc de poulet et étalez par-dessus une nouvelle fine couche de pâte aux petits pois.

2 Demandez à votre poissonnier de vous préparer le calmar. Nettoyez-le bien et coupez-le en deux afin d'avoir deux escalopes. Faites cuire le demi-calmar, soit à la poêle sur feu moyen 2 min sur chaque face, soit poché dans de l'eau bouillante pendant 10 min.

3 Égouttez-le sur du papier absorbant, laissez refroidir puis découpez 1 bâtonnet de la largeur de la mie. Positionnez-le en haut du pain et roulez. Coupez les bouchées à la taille souhaitée.

Le Tajine

Difficulté : ★★ - Coût : € €

- 1 tranche de pain nature ou complet 100 % Mie
- 2 cuil. à soupe de ricotta
- 1 cuil. à café de miel
- 1 quartier de citron jaune
- 1 pincée de cannelle en poudre
- 1 pincée de gingembre en poudre
- 1 tranche de gigot d'agneau
- 2 pruneaux

Décoration :

- Quelques brins de coriandre
- Des amandes effilées
- Du Saint Môret

1 Incorporez à la ricotta le miel, le jus du citron, la cannelle et le gingembre en poudre. Tartinez la mie d'une fine couche de ce mélange. Poêlez la tranche de gigot à sec dans une poêle antiadhésive en laissant cuire 3 min de chaque côté. Laissez refroidir et reposer la viande 5 min. Tranchez de fines lamelles de viande et mettez-les sur le sandwich. Étalez par-dessus une nouvelle fine couche de mélange à base de fromage frais aromatisé.

2 Façonnez des morceaux de pruneaux afin de constituer 1 bâtonnet de la largeur du pain, alignez-les en haut de celui-ci et roulez. Coupez à la taille souhaitée.

3 Ciselez la coriandre et mélangez-la aux amandes effilées dans une assiette plate. Enduisez le pourtour des bouchées de Saint Môret et roulez-les dans la coriandre et les amandes.

Variante

Vous pouvez remplacer les pruneaux par 1 bâtonnet de citron confit mais, dans ce cas, il n'est plus nécessaire d'aromatiser le fromage frais de jus de citron.

Le Tartare

Difficulté : ★★ - Coût : €

- 1 tranche de pain nature ou complet 100 % Mie
- 15 g de bœuf haché
- 1/2 cuil. à café de moutarde
- 1 cuil. à café de ketchup
- 1 cuil. à café de mayonnaise
- 1/2 cuil. à café de câpres
- 3 cornichons

Décoration :

- Du beurre
- Quelques brins de persil

1 Mélangez la viande crue, la moutarde, le ketchup, la mayonnaise et les câpres écrasées. Tartinez la mie d'une fine couche de ce mélange. Choisissez des petits cornichons bien droits. Taillez les extrémités, alignez-les en haut de la mie et roulez. Coupez à la taille souhaitée.

2 Sortez le beurre un peu en avance afin qu'il ramollisse. Ciselez le persil et mettez-le dans une assiette plate. Enduisez de beurre le pourtour des bouchées et roulez-les dans le persil.

Quelle natte de bambou utiliser ?

Il existe deux tailles de natte en bambou : une petite et une grande. Avec une petite natte, vous réaliserez un rouleau de trois ou quatre petits roulés. Si vous en possédez une grande et que vous souhaitez réaliser un sandwich roulé plus long afin d'obtenir non plus quatre mais huit bouchées, voici comment procéder : prenez deux tranches de pain de mie et ôtez la croûte à l'aide d'un couteau (sauf si vous utilisez du « 100 % Mie de Harry's »). Mettez-les ensuite l'une à la suite de l'autre en les superposant sur 1 cm. Aplatissez l'ensemble à l'aide d'un rouleau à pâtisserie. Les deux mies seront ainsi soudées et vous permettront de réaliser un rouleau plus long.

Le Bolognaise

Difficulté : ★★ - Coût : €

- 1 tranche de pain nature ou complet 100 % Mie
- 1/2 oignon
- 1 noisette de beurre
- 1 cuil. à café de concentré de tomates
- 15 g de bœuf maigre haché
- 1 pincée de poivre
- 1 boule de mozzarella

Décoration :

- Quelques brins de persil
- Quelques pincées de parmesan
- Du Saint Môret

1 Faites poêler le demi-oignon à feu moyen avec un peu de beurre. Au bout de 2 min, ajoutez le concentré de tomates et le bœuf haché, puis poursuivez la cuisson 3 à 5 min en mélangeant régulièrement. Poivrez en toute fin de cuisson. Laissez refroidir puis tartinez la mie d'une fine couche de ce mélange.

2 Réalisez 1 bâtonnet de mozzarella de la largeur du pain, positionnez-le en haut de celui-ci et roulez. Coupez à la taille souhaitée.

3 Ciselez le persil et mélangez-le au parmesan râpé dans une assiette plate. Enduisez le pourtour des bouchés de Saint Môret et roulez-les dans le mélange de persil et de parmesan.

Le Chili con carne

Difficulté : ★ - Coût : €

- 1 tranche de pain nature ou complet 100 % Mie
- 15 g de viande de bœuf maigre hachée
- 2 cuil. à soupe de haricots rouges en boîte
- 1 cuil. à café de concentré de tomates
- 1 pincée de cumin en poudre
- 1 pincée d'origan sec
- 1 pointe de couteau de chili en poudre
- 1 poivron

Décoration :

- Quelques pincées de chili en poudre
- Du Saint Môret

1 Poêlez la viande hachée durant 2 à 3 min. Laissez refroidir puis incorporez les haricots rouges écrasés, le concentré de tomates, le cumin, le chili et l'origan. Tartinez la mie d'une fine couche de ce mélange.

2 Réalisez 1 bâtonnet de poivron de la largeur du pain, placez-le en haut de celui-ci et roulez. Coupez ensuite à la taille souhaitée.

3 Mettez le chili en poudre dans une assiette plate. Appliquez sur un des côtés des bouchées 1 petite bande de Saint Môret et faites adhérer du chili en poudre.

Conseil

Pour la décoration extérieure de vos petits roulés, soyez imaginatifs. Râpez tous les types de fromage à pâte dure, ciselez des fleurs comestibles, écrasez des biscuits secs, des chips aromatisées ou des biscuits apéritifs, réduisez en miettes ou en petits morceaux tous les types de fruits secs. Vos petites créations n'en seront que meilleures.

Remerciements de Thomas Clouet
Je tiens à remercier Flo pour faire en sorte que son frère soit présentable, Nico pour ses chemises colorées, Domi pour être à l'origine de tout, Philippe pour sa patience et son talent, Marine pour jouer la méchante et me laisser le rôle du gentil, Anne pour être l'oeil de Moscou sur l'orthographe de son fils, Dan et sa souris supersonique, Christine un très bon chef d'orchestre, Camille et Eric pour leur vision et leur réalisation, Michel ma PomPom Girl au masculin, Camille et Johanna pour faire parler de moi, Katia pour mettre son grain de sel, Sophie la grande ordonnatrice, Popo et Anja mes jeannettes toujours prêtes et les commerçants de la rue Lepic des dignes Lucien d'Amelie Poulain.
Je pense très fort à mes anges gardiens Jacques, Franck et Mamie.
Enfin tout cela je le dois à ma femme mon phare, mon évidence.

L'éditeur remercie Harry's pour sa participation et le prêt du pain 100% Mie pour les photos.

Delphine Brunet remercie les boutiques suivantes pour leur collaboration : Potiron : p. 17 (bol) ; Bouchara : pp. 19 (fleurs), 11 (assiette), 27, 29 (coupelle) ; Conran shop : pp. 61 (galet), 23 (planche) ; Habitat : p. 45 (cuillère) ; Sia : p. 59 (pot) ; Astier de Vilatte : p. 41 (assiette).

Ce livre est un extrait du livre *Les Petits roulés de Thomas*, paru en juin 2006 chez Hachette Pratique.

Direction : Stephen Bateman
Direction éditoriale : Pierre-Jean Furet
Édition : Christine Martin, assistée de Sophie Lair
Correction : Anne Vallet
Conception graphique de la collection : Dune Lunel
Couverture : Claire Guigal
Réalisation intérieure : MCP
Fabrication : Amélie Latsch

Responsable partenariats Sophie Augereau : 01 43 92 36 82

Dépôt légal : août 2006
ISBN : 2-01-62-1009-5
62-66-1009-01-0

Achevé d'imprimer en Italie (Turin) par G. Canale & C.S.p.A